Maximisez Vos Chances D'Etre Embauché

La Lettre De Motivation : Les Stratégies A Appliquer

Marc Tautman

Copyright © 2016 Marc Tautman

Tous droits réservés.

TABLE DES MATIÈRES

Le but de la lettre de motivation	1
Démarrez votre lettre en trombe : affirmez et prouvez	2
Croyez-vous que vous n'avez rien de prestigieux à racontez ?	5
Montrez de l'assurance	7
Pourquoi voulez-vous le travail ?	8
Comment augmenter encore vos chances	10
La question qui fait peur	12
Eliminez définitivement la peur d'embaucher la mauvaise personne	14
Ne faites pas de l'humour	16
Comment écrire et présenter votre lettre	18
Ne parlez pas de salaire	21
Pour trouver le job idéal, n'attendez pas les offres d'emploi	23

LE BUT AVEC LA LETTRE DE MOTIVATION EST DE DÉCROCHER UNE ENTREVUE

La première chose à souligner est que votre seul et unique objectif avec la lettre de motivation et le curriculum vitae (que nous abrègerons en C.V. pour la suite) est de décrocher une entrevue avec le recruteur. Même s'il est possible que l'obtention du poste soit presque assurée seulement après que le recruteur ait vu votre lettre et votre C.V., ne croyez donc pas pouvoir décrocher le poste tout de suite avant une entrevue.

La seconde chose c'est que si vous décrochez une entrevue, c'est que votre lettre de motivation « a fait son travail ». Un recruteur ne perdra pas son temps à demander une entrevue avec vous si le « premier contact » (c'est-à-dire la lettre de motivation et/ou le C.V.) n'a pas en quelque sorte « attiré » son attention, ou a « piqué » sa curiosité, et qu'il vous voit comme un candidat potentiel qui a de bonnes chances de convenir à ce qu'il recherche.

Dans votre lettre de motivation, vous devez donc uniquement vous focaliser sur obtenir une entrevue, et non pas essayer à tout prix de décrocher le poste. Vous devez rendre celui qui lira la lettre extrêmement curieux de vous voir et de vous parler en personne. Il doit être impatient de vous rencontrer et de voir de ses propres yeux si vous êtes la personne recherchée. En quelque sorte, il veut confirmer l'impression qu'il a eue en lisant votre lettre.

L'embauche se fait toujours en 2 temps, même s'il peut y avoir des cas exceptionnels, n'oubliez jamais cela. Pour avoir les meilleures chances de succès, il est important de ne pas sauter les étapes.

DÉMARREZ VOTRE LETTRE EN TROMBE : AFFIRMEZ ET PROUVEZ

Après une brève salutation d'usage, entrez immédiatement dans le vif du sujet. Celui qui lira votre lettre n'a pas de temps à perdre et il veut passer rapidement à ce qui l'intéresse : c'est-à-dire si la personne qui a écrit la lettre qu'il a devant ses yeux est un candidat sérieux pour le poste.

Vous allez donc directement dire pourquoi le poste vous convient. Vous devez fournir des arguments les plus convaincants possibles, mais même la chose la plus prestigieuse que vous dites peut tomber à plat (ou susciter la méfiance) si vous ne le prouvez pas, ou que c'est impossible à prouver. Prouvez toujours autant que possible.

Comment prouver quelque chose dans une lettre ? en étant clair, précis et spécifique, et en fournissant des informations vérifiables, et en restant cohérent.

Voyons un exemple :

Je crois que je corresponds exactement au profil que vous recherchez puisque j'ai occupé effectivement le poste de responsable commercial pendant 5 ans chez {citez ici le nom d'une compagnie}, et que j'y ai vécu une expérience très positive puisque les ventes ont augmenté de 20% pendant la période où j'occupais le poste.

Dans l'exemple ci-dessus, vous citez le nom de la compagnie, le poste que vous avez occupé ainsi que la durée pendant laquelle vous avez occupé le poste, et le résultat que vous avez obtenu. Vous êtes clair, précis et spécifique, et si vous avez tellement éveillé l'intérêt du recruteur qu'il va vérifier vos dires, vous pouvez être sûr d'avoir au moins 50% de chances de décrocher le poste.

Si vous pouvez fournir plusieurs arguments, il est préférable de n'énoncer qu'un ou deux qui sont les plus prestigieux et qui ont le plus de poids. Il y a le C.V. pour raconter toutes vos expériences et la lettre de motivation ne doit en aucun cas y ressembler. Mettez juste ce qui peut attiser au plus haut point la curiosité et l'intérêt de celui qui lira la lettre.

Et pour les diplômes et compétences ?

Même chose, énoncez au maximum 2 de vos diplômes ou qualifications les plus prestigieux et qui sont en rapport avec le poste demandé. Encore une fois, vous avez le C.V. pour étaler tous vos compétences et votre parcours. La lettre doit juste mettre l'accent sur votre meilleur atout.

Un exemple sur ce point :

Etant aussi titulaire d'une {citez ici le prestigieux diplôme} acquise à la fin de mon cursus à l'université de {citez ici le nom d'une université, d'un institut ou d'une faculté prestigieuse}, je crois posséder les compétences adéquates pour ce que vous recherchez.

S'il y avait un évènement qui a fait parler de lui et que vous y avez participé (et que c'est en relation avec le poste demandé), vous pouvez aussi en parler dans la lettre. Si le recruteur en a entendu parler, cela peut l'impressionner et le faire considérer soigneusement votre candidature, sinon cela peut aussi attiser sa curiosité, le pousser à s'informer sur cet évènement, ce qui pourrait vous avantager aussi pour l'obtention du poste.

Exemple sur ce cas :

En 2012, j'ai participé en tant que concepteur au sein de l'agence X à la fameuse campagne Aurore qui a fait beaucoup parler de lui et dont presque toutes les agences du pays voulaient décrocher le contrat.

Même chose si dans vos expériences passées, vous avez travaillé avec une célébrité ou une personne reconnue dans le domaine (toujours en relation avec le poste auquel vous postulez). C'est encore mieux si vous avez été formé par cette célèbre personnalité, cela peut aussi fortement impressionner le recruteur. Si des personnalités et des compagnies de renom ont fait appel à vous, pourquoi le recruteur voudrait s'abstenir de vos services ?

Cependant, si vous n'êtes pas absolument sûr de la notoriété de la personne que vous voulez citer, abstenez-vous d'utiliser cette astuce.

Un exemple sur ce cas :

J'ai collaboré pendant 3 ans avec le célèbre {citez le nom de la célébrité ici} et en même temps que je travaillais avec lui, j'ai aussi appris beaucoup de choses sur sa façon de faire et sur l'origine de ses succès.

C'est rarement le cas où vous êtes le seul postulant pour le poste, surtout si l'offre a été rendu publique par la compagnie. Il est donc certain que vous serez en compétition avec d'autres candidats et vous pouvez être très nombreux à répondre à l'offre. C'est pourquoi vous devez absolument déjà vous démarquer dans la lettre de motivation pour susciter l'intérêt du recruteur. N'ayez pas peur d'étaler vos meilleures cartes.

CROYEZ-VOUS QUE VOUS N'AVEZ RIEN DE «PRESTIGIEUX» À RACONTER ?

Cela arrive surtout pour ceux qui débutent dans leur carrière et qui n'ont pas encore assez d'expérience, voire même aussi pas de grandes qualifications, on peut croire qu'on a rien d'impressionnant à écrire dans la lettre et dans le C.V.

Réfléchissez bien et prenez votre temps pour trouver l'argument le plus percutant pour faire tourner les choses à votre faveur. Attention, je déconseille fortement de mentir ou de plus au moins « déformer » la vérité, rappelez-vous que vous aurez une entrevue plus tard et vous ne pourrez plus rien cacher à ce moment-là.

Si vous prenez bien le temps de méditer sur la question et que vous persévérez, vous trouverez toujours un bon argument sur lequel vous allez mettre l'accent dans la lettre. Si vous avez trouvé que l'offre correspond à ce que vous pouvez et savez faire, alors cet argument existe et il suffit juste de le trouver.

Et puis, prenez aussi un moment pour ressasser vos qualités et vos succès passés, qu'ils soient minimes ou de taille : êtes-vous ambitieux ? travailleur ? vous familiarisez-vous vite ? êtes-vous perfectionniste ? persévérant ? curieux ? quels défis avez-vous déjà relevés ? que dit-on souvent à votre propos comme principale qualité ? Etes-vous un autodidacte ? y a-t-il des accomplissements dont vous êtes particulièrement fiers ? Vous voulez toujours faire mieux ?

La plus grande erreur que vous pouvez commettre c'est de vouloir « expédier » rapidement la rédaction de votre lettre de motivation et écrire la première chose qui vous passe par la tête. Rappelez-vous : cette lettre est votre premier contact avec le recruteur, généralement avant le C.V., il ne faut absolument pas la rater.

MONTREZ DE L'ASSURANCE

N'hésitez pas à être franc, précis et direct dans la lettre, tout en restant clair et limpide. Si vous êtes plutôt timide, dites-vous que c'est une lettre et que vous pouvez la corriger autant de fois que nécessaire jusqu'à ce qu'elle réponde aux exigences énoncées dans ce livre. Ne soyez pas timoré, écrivez sans détours. Vous avez besoin de toutes vos chances pour décrocher le poste.

Passez à côté de tout ce qui n'a pas de rapport avec l'offre d'embauche.

Dans le C.V., vous pouvez tout mettre, même ce qui n'a aucun rapport avec le poste auquel vous postulez. Mais résistez à l'envie de mettre dans la lettre de motivation quelque chose qui n'a aucune ou une lointaine relation avec l'offre, même si c'est quelque chose de vraiment prestigieuse et que vous pensez que cela pourrait vous avantager .

POURQUOI VOULEZ-VOUS LE TRAVAIL ?

L'employeur sait que vous avez besoin d'un revenu pour vivre, n'allez pas donc raconter cela même si vous êtes au chômage ou avec des difficultés financières au moment où vous écrivez la lettre.

Soyez franc et honnête, cela se « sent » dans une lettre. N'allez donc pas inventer des raisons factices qui vous ont poussé à répondre à l'offre.

Voilà les raisons que vous pouvez citer dans la lettre (d'ailleurs, c'est pour cela que cela s'appelle une « lettre de motivation »), vous pouvez en citer plusieurs :

1- Votre expérience et vos compétences conviennent au poste : nous avons déjà vu cela plus haut, dites pourquoi vous avez ce qui convient et prouvez (ou faites que cela puisse être prouvé).

2- Vous êtes un passionné du domaine : c'est une très bonne chose. Les employeurs ont depuis longtemps constaté que les meilleurs employés sont ceux qui sont des passionnés de leur travail. Si vous avez quelque chose à raconter pour prouver cela, c'est encore mieux.

Exemple :

J'apprécie tout particulièrement le domaine de la publicité que je vois comme un terrain favorable à l'expression de la créativité et du dépassement de soi (d'ailleurs j'ai une collection des meilleures annonces créées par les plus célèbres publicitaires).

Dans cet exemple, on parle de la passion pour l'activité, on rend tout cela crédible et cohérent, avec la petite anecdote au final (la collection d'annonces).

Si vous êtes aussi un passionné, alors vous devez être assez enthousiaste à l'idée d'exercer dans le domaine (d'ailleurs vous pouvez aussi être enthousiaste pour d'autres raisons). Laissez cet enthousiasme vous emporter pour trouver quoi écrire pour montrer votre passion.

Attention tout de même, restez bref et survolez juste le sujet. N'allez pas raconter énormément là-dessus.

3 – Vous avez de l'ambition : les personnes ambitieuses ont un désir ardent de réussir, et ce désir de succès les pousse à travailler bien et mieux. Les employeurs ont aussi compris cela depuis longtemps, et la réussite d'une personne ne se fait pas toujours au détriment des autres, au contraire, votre employeur y gagne.

Comment montrer que vous avez de l'ambition ? Dites par exemple : « je prends déjà cette offre comme un nouveau défi », ou « je prends votre offre comme une opportunité d'aller encore plus loin dans le domaine », « de passer à un niveau supérieur », ou « de devenir encore meilleur ».

La passion et l'ambition peuvent aussi faire pencher la balance en votre faveur si vous avez quelques lacunes dans vos expériences et vos compétences. Les employeurs ont déjà aussi constaté depuis longtemps que le manque d'expérience et le manque de qualifications peuvent être rapidement comblés avec les personnes passionnées et ambitieuses, parce que ces personnes apprennent vite et font des efforts considérables pour faire les choses bien.

4 – La compagnie dans laquelle vous postulez vous intéresse : cela peut être la seule raison, ou la raison la plus forte qui vous a poussé à répondre à l'offre. Si c'est le cas, mentionnez-le (brièvement), cela peut augmenter vos chances.

Si vous faites cela, montrez aussi subtilement que vous connaissez, au moins un peu, la compagnie. Le recruteur peut être sensible à votre désir de travailler chez eux, puisque cela constitue une véritable motivation pour vous.

Voici par exemple comment vous pouvez écrire cela :

Depuis le début de ma carrière en tant que publicitaire, j'ai toujours voulu travailler chez {mettez le nom de la compagnie ici}, puisque vous êtes certainement l'une des agences les plus prestigieuses dans le milieu avec les nombreuses campagnes à succès à votre actif, comme la campagne L'Oréal de 2006.

COMMENT AUGMENTER ENCORE VOS CHANCES AVEC LA LETTRE DE MOTIVATION

Mettez-vous un instant à la place du recruteur : sa plus grande peur, c'est d'embaucher quelqu'un qui va apporter des problèmes à l'entreprise (incompétence, irresponsabilité, … voire même malhonnêteté), et son but, c'est évidemment de trouver la perle rare qui va non seulement lui éviter des désagréments mais apporter de sérieux avantages au sein de la compagnie.

Vous pouvez déjà rassurer le recruteur sur ces points dans la lettre de motivation, mais suivez toujours la formule « démontrer et prouver ». Surtout, ne faites pas l'erreur de « déclarer sur parole », d'ailleurs, pourquoi il va vous croire ?

Tout de suite un exemple :

Chez {citez ici le nom d'une compagnie dans laquelle vous avez travaillé avant}, on m'a confié la responsabilité de {citez ici un rôle que vous avez occupé et qui a requis une bonne dose de confiance de la part de l'ancien employeur} et de gérer un large budget d'un million d'euros pour ce projet. Nous avons eu un excellent résultat en atteignant l'objectif 2 mois plus tôt que le délai prévu.

Cet exemple montre qu'une compagnie qui vous a fait confiance dans le passé ne l'a pas regretté. Cela montre aussi un certain sens de l'honnêteté et montre indirectement que vous ne traînez pas dans l'exécution d'une tâche, que vous travaillez rapidement. Bien sûr, vous pouvez ne pas avoir quelque chose de similaire à raconter dans vos expériences passées mais si vous en avez, n'hésitez pas. Et encore, soyez toujours bref.

Prenez votre succès le plus brillant dans vos expériences passées (et qui a une relation avec l'offre à laquelle vous répondez) et racontez-le brièvement. Faites que cela puisse être prouvé en étant clair, précis et spécifique.

Et si vous avez des faiblesses dans votre parcours ?

Dans la lettre de motivation, ne parlez jamais de vos lacunes mais mettez surtout l'accent sur vos points forts. Si vous décrochez une entrevue, là, vous pouvez en parler si on soulève la question, mais rassurez-vous : si vous décrochez une entrevue, vous avez généralement déjà de bonnes chances d'être reçu.

En écrivant votre lettre, réfléchissez bien : si vous manquez d'expérience, ne faites aucune mention sur cela mais mettez en avant votre compétence la plus prestigieuse, votre meilleure qualification en rapport avec le poste, votre passion et vos ambitions dans le domaine.

Par contre, si vous manquez de qualification, insistez sur votre fructueuse expérience passée qui est en relation avec le poste. Bref, écrivez ce qui a le plus de poids dans votre parcours et qui est en relation avec le poste demandé avec seulement des choses positives.

LA QUESTION QUI FAIT PEUR : SI VOUS ÊTES ALORS L'EMPLOYÉ MODÈLE, POURQUOI VOUS CHERCHEZ UN TRAVAIL ACTUELLEMENT ?

Effectivement, vous avez peut-être peur de vous vanter sur à quel point vous avez eu du succès dans vos expériences passées alors que vous cherchez un emploi aujourd'hui.

Rassurez-vous, cette peur n'a aucun fondement, et l'employeur ne se posera pas cette question. N'allez pas donc écrire une raison pour laquelle vous cherchez un travail actuellement dans la lettre de motivation, cela occupera juste inutilement de la place et ennuiera le recruteur.

Un employeur sait très bien que toute collaboration, aussi fructueuse soit-elle, a toujours une fin. Et cela ne veut pas toujours dire que vous y êtes pour quelque chose : la compagnie a fermé ses portes, vous vous sentiez lésé, etc. N'en parlez pas dans la lettre, n'en parlez pas aussi dans une entrevue, à moins qu'on vous le demande.

Vous risquez de ne pas être disponible que pendant un bref moment !

Faire paraître cela peut vous aider énormément à décrocher le poste, même si cela peut ne pas toujours être possible. Si à la lecture de votre C.V., on constate que vous trouvez toujours rapidement un emploi (les moments « libres » entre la fin de la période d'un précédent emploi et le début d'un nouveau sont courtes), alors vous pouvez miser sur cela dans la lettre.

Bien sûr, il faut avant écrire sérieusement vos atouts, comme indiqué

LES STRATEGIES A APPLIQUER DANS LA LETTRE DE MOTIVATION

dans les paragraphes précédents de ce livre. Je conseille même de mettre cela à la fin de la lettre (et encore brièvement), ou même en P.S. (post-scriptum).

Voici par exemple ce que vous pouvez écrire :

Comme vous pouvez le constater dans le curriculum vitae en pièce jointe, mes périodes de disponibilité (comme en ce moment) ne durent jamais très longtemps. Si je peux me le permettre, je vous conseille donc de prendre contact rapidement si mon profil vous intéresse.

Cette astuce instaure aussi en quelque sorte la peur de vous « perdre » si vous avez impressionné le recruteur. Cela le force indirectement à prendre rapidement une décision, et dans ce cas, vous avez de fortes chances d'être embauché.

Inversez le rapport de force

Si vous parvenez à instaurer au recruteur la peur de vous « perdre », comme indiqué ci-dessus, on peut même dire qu'on est dans une situation où c'est l'employeur qui a plus besoin de vous que vous du travail.

Dans la situation inverse, où l'employeur constate que c'est vous qui avez plus besoin du travail que lui de vous, vos chances s'amenuisent pour devenir nulles.

Ce dont vous devez prendre conscience, c'est que tout cela n'est que de la perception. Essayez de « distiller » subtilement la peur de passer à côté de la perle rare (vous) chez le recruteur. Et bien sûr, les perles rares sont très recherchées et les compagnies se les arrachent.

ELIMINEZ DÉFINITIVEMENT LA PEUR D'EMBAUCHER LA MAUVAISE PERSONNE : OFFREZ DE DÉMONTRER CE QUE VOUS VALEZ

N'hésitez pas à mentionner brièvement dans la lettre que vous acceptez et êtes prêt pour une « période d'essai », où vous pourriez ne pas être rémunéré, ou rémunéré à une fraction du salaire normal, juste dans le but de prouver à l'employeur que vous êtes la personne qui lui faut.

Beaucoup de postulants pour un emploi cherchent immédiatement un contrat, une embauche définitive, obligeant le recruteur à prendre une décision qu'il a peur de regretter ensuite. Augmentez considérablement vos chances d'être engagé en fournissant au recruteur la possibilité de se rétracter sur sa décision en acceptant de travailler à l'essai.

Vous prouvez ainsi que vous avez confiance en vous, en vos compétences, et en vos capacités. C'est le profil de personnes que les recruteurs recherchent.

En embauchant quelqu'un, un employeur prend toujours un risque. Soulagez-le de ce risque en lui offrant de démontrer qu'il peut vous engager en pleine confiance, et pour cela, offrez de faire vos preuves à l'essai.

Comment écrire cela ? Bien sûr, il y a aussi une façon de mettre cela dans la lettre pour produire un meilleur effet que juste « j'accepte de travailler à l'essai ».

Exemple :

Puisque je suis prêt à vous prouver mes dires une fois sur le terrain, je suis donc disposé,

LES STRATEGIES A APPLIQUER DANS LA LETTRE DE MOTIVATION

selon votre convenance, à faire une période d'essai pendant une durée déterminée, sans promesse d'engagement de votre part, bien entendu.

N'en dites pas plus sur la période d'essai (modalités, durée, etc). Rappelez-vous, il faut être bref dans la lettre, sans toutefois omettre tout ce qui peut «booster» vos chances. Vous aurez tout le temps de discuter sur les conditions de la période d'essai pendant l'entrevue ou après un accord.

NE FAITES PAS DE L'HUMOUR, N'ESSAYEZ PAS D'ÊTRE DRÔLE

En lisant votre lettre, le recruteur veut trouver l'employé qui lui convient, et non pas un moment de rigolade. Donc, bannissez l'humour, à moins que vous postulez pour un rôle de comique dans un film !

Embaucher une personne est une des choses les plus sérieuses qui soit. Ne donnez pas l'impression de prendre les choses à la légère. Le recruteur ne vous le pardonnera pas.

Terminez la lettre en poussant fortement à l'action et en facilitant cette action

« Plus tard » peut très bien devenir « jamais ». Après avoir lu votre lettre, si vous ne donnez pas une excellente raison au recruteur de vous contacter au plus tôt possible pour une entrevue, vous risquez qu'il ne vous contacte jamais.

S'il repousse le moment où il va vous contacter, il pourrait oublier, tomber sur un candidat qui a réveillé aussi son intérêt, ou encore avoir un quelconque empêchement qui fait que vous sortez de ses préoccupations. Le recruteur peut être quelqu'un de très occupé au sein de sa compagnie, avec de nombreuses responsabilités. Vous devez profiter du moment où il a toute sa tête pour vous, c'est-à-dire au moment où il lit votre lettre de motivation. Il faut battre le fer pendant qu'il est encore chaud.

Bien sûr, il ne s'agit pas de lui mettre une énorme pression du genre «vous ne trouverez jamais une personne comme moi», non, c'est mal vu, incohérent et cela détruira vos chances. Il s'agit juste de distiller subtilement un sentiment d'urgence, de solliciter une action immédiate.

Nous avons vu précédemment comment instaurer la « peur » de vous perdre (vous ne restez jamais entre deux emplois très longtemps). En plus de cela, demandez directement une entrevue dans les plus brefs délais et facilitez autant que possible ce futur contact.

Offrez plusieurs moyens de vous contacter : téléphone à domicile et mobile, e-mail, etc. Au moment où il veut vous contacter, vous ne savez jamais de quel moyen il dispose, et dites qu'il peut vous contacter à tout moment.

Exemple de ce que vous pouvez écrire :

Je reste à votre disposition pour une entrevue où nous pourrons discuter plus en détails. Vous pouvez me joindre à tout moment, du lundi au dimanche au numéro XX.XX.XX.XX, vous pouvez également m'envoyer un e-mail, je répondrai immédiatement.

Ayant d'autres contacts en cours, ma préférence va néanmoins à votre offre. Si possible, je vous encourage donc de prendre contact au plus tôt si mon profil vous intéresse. Je ne pourrai pas rompre un engagement déjà établi au cas où.

Dans l'exemple ci-dessus, vous montrez aussi que vous ne rompez pas vos engagements, que vous êtes donc une personne de parole et qui ne donne pas de mauvaises surprises. C'est une très bonne chose aux yeux du recruteur et bien sûr, vous le poussez à agir au plus vite.

N'ayez pas peur de dire que vous répondez à plusieurs offres en même temps. Tout le monde fait cela et le recruteur comprend cela très bien. D'ailleurs, il peut même apprécier votre franchise, ce qui peut vous avantager à ses yeux.

Donnez au recruteur la possibilité de vous contacter à tout moment, tous les jours de la semaine. Cela montre que vous êtes une personne flexible, voire même plus sociable à ses yeux, et qui s'adapte facilement à toutes les situations.

COMMENT ÉCRIRE ET PRÉSENTER VOTRE LETTRE

N'essayez pas de faire original dans la présentation de la lettre. Restez «classique» : écriture en noir sur fond blanc (pas d'autres couleurs), utilisez un seul police de caractère de taille moyenne (12 par exemple), pas de gras, ni d'italique, ni de souligné.

Certains recruteurs exigent une lettre manuscrite, là encore, restez simple et conventionnel : stylo de couleur noire sur feuille blanche, soignez votre écriture pour être la plus lisible possible.

Espacez bien la lettre en faisant de courts paragraphes et en laissant une ligne vide entre chaque paragraphe. Faites des lignes courtes qui occupent au maximum la moitié de la largeur d'une page, c'est plus facile à lire.

N'utilisez pas de mots complexes ou un langage académicien : si vous n'êtes pas sûr qu'un mot sera bien compris par celui qui lira la lettre, changez-le par un synonyme plus simple. Mais vous pouvez vous permettre d'utiliser le jargon spécifique au domaine relatif au poste puisque le recruteur va le comprendre.

Relisez plusieurs fois la lettre une fois achevée pour trouver toutes les fautes d'orthographe, de grammaire, des erreurs ou d'omission. Le recruteur peut douter de votre sérieux et de votre rigueur sur ces petites fautes. Si possible, laissez un jour avant de relire et corriger une dernière fois avant d'envoyer la lettre, vous verrez ainsi la lettre d'un œil neuf.

Vous trouvez que la lettre est trop longue ?

N'ayez pas peur de faire un peu long si vraiment c'est nécessaire pour écrire tout ce que vous devez écrire selon les directives énoncées dans ce livre. Mais attention, tenez-vous absolument au strict nécessaire, évitez de rallonger inutilement votre lettre, notre but est que cela reste passionnant, intéressant et non pas ennuyer le recruteur.

Relisez encore votre lettre une fois terminée en vous posant toujours cette question à chaque phrase : est-ce que ce que je dis là est absolument nécessaire ? si la réponse n'est pas un franc « oui », supprimez cette partie.

Résistez à l'envie de mettre tout ce que vous pensez vous avantager dans l'obtention du poste, vous avez le C.V. pour cela. Dans la lettre de motivation, concentrez-vous sur ce que vous avez de plus percutant, et mettez-y l'accent, le reste n'y a pas sa place.

Les lettres de recommandation

Ces lettres, écrites par un précédent employeur, ou quelqu'un avec qui vous avez travaillé dans le passé, et qui font votre éloge augmentent aussi énormément vos chances de décrocher le poste. Même que la seule présence d'une lettre de recommandation peut faire décider le recruteur à vous embaucher.

Et plus la compagnie ou la personne qui vous recommande dans la lettre est célèbre ou prestigieuse, meilleures sont vos chances que la lettre de recommandation fasse son effet. N'hésitez donc pas à demander des lettres de recommandation à vos anciens employeurs ou collaborateurs. Plus vous en avez, mieux c'est (et si vous hésitez à en demander, dites-vous toujours que la pire réponse que vous pouvez recevoir est juste un « non »).

Encouragez aussi le « témoignage » dans la lettre de recommandation plutôt que seulement le genre « je vous recommande Mr ... ». Le témoignage consiste à parler un peu de l'expérience de la collaboration passée, et/ou aussi du fruit de cette collaboration.

Par exemple :

Monsieur, madame,

Je me permets dans la présente lettre de vous recommander chaudement Mr X avec qui nous avons collaboré pendant 5 bonnes et fructueuses années.

MARC TAUTMAN

En effet, sa rigueur, sa loyauté et son sens du travail nous a apporté énormément dans l'atteinte de nos objectifs. Son expertise ne nous était pas seulement utile, elle nous était précieuse. Je suis enchanté de pouvoir lui renvoyer l'ascenseur à mon tour.

Bien cordialement,

XYZ

Directeur marketing de …

NE PARLEZ PAS DE SALAIRE DANS LA LETTRE (NI DANS LE C.V.)

Vous aurez tout le loisir de négocier votre salaire une fois que vous êtes embauché ou que l'employeur aborde le sujet dans une entrevue (d'ailleurs, si vous arrivez au point de discuter de la rémunération, cela veut dire vous avez déjà un pied dans la compagnie). N'abordez rien à propos de la rémunération, que ce soit dans vos expériences passées ou sur le poste auquel vous postulez dans la lettre de motivation.

Faut-il relancer si on n'a pas eu de réponse ?

Vous pouvez tenter une relance si – après un certain temps – vous n'avez pas eu de réponse de la part du recruteur. On ne sait jamais : votre profil a pu les intéresser mais ils étaient trop occupés, ils sont encore en train d'hésiter, les priorités ont changé … Après tout, qu'est-ce que vous avez à perdre ? ici aussi, la pire réponse que vous pouvez avoir est un « non », et vous n'allez pas en mourir.

Le mieux, c'est de relancer par téléphone. Demandez à parler à la personne responsable du recrutement. Si vous connaissez le nom de cette personne, c'est encore mieux.

Demandez juste ce qu'il est advenu de votre dossier, où en sont-ils, pas plus. Surtout n'argumentez pas, même si la réponse est « patientez » ou « on est encore en train d'étudier votre candidature ». Mais vous pouvez dire quelque chose du genre : « J'ai une négociation en cours avec une autre compagnie, c'est pourquoi je me suis permis de vous contacter puisque ma préférence va toujours pour votre offre, afin que je puisse prendre une décision ». Distillez toujours la peur de vous perdre, cela devrait accélérer un peu les choses si vous leurs intéressez.

POUR FINIR : POUR TROUVER LE JOB IDÉAL, N'ATTENDEZ PAS LES OFFRES D'EMPLOI

Pour conclure ce livre, je veux partager quelque chose d'une grande importance avec vous :

N'attendez pas d'être au chômage pour songer à prendre un nouvel emploi. Oui, cela paraît peut-être illogique, mais je vous invite à y réfléchir un peu.

Vous pouvez avoir un travail que vous adorez, que vous ne voulez pas quitter. Oui, et dans ce cas, je ne vous dis pas de le quitter, mais cela ne vous dispense pas de « préparer » l'avenir.

Préparer l'avenir ? qu'est-ce que cela veut dire ? C'est simple : qui que vous êtes, et quoi que vous fassiez, ce qui est certain, c'est qu'un jour, vous allez cesser de faire votre travail actuel. Pour une quelconque raison, vous allez arrêter, que vous le vouliez ou non, que cela dépend de vous ou non, vous devez passer à autre chose, prendre un tournant dans votre carrière.

Ne faites pas l'erreur de croire que vous allez rester dans un endroit pour toujours. Statistiquement, surtout dans notre société moderne, on change d'emploi de plus en plus fréquemment.

Même si vous êtes content de votre emploi actuel, cela ne vous dispense pas de chercher mieux, et cela est d'autant plus évident si votre emploi actuel ne vous satisfait pas au point où vous le voulez. Il n'y a jamais de garantie infaillible qui vous permet de garder votre emploi actuel jusqu'à l'âge de la retraite. Beaucoup de gens ont en fait l'amère expérience.

Ciblez les perspectives

Dressez une liste de compagnies dans lesquelles vous voulez travailler (même si vous avez déjà un emploi actuellement) ainsi que les postes que vous convoitez et que vous voyez vous convenir. Même si aucune offre n'a pas encore été émise par ces compagnies, considérez-les comme des employeurs potentiels pour l'avenir.

Faites des propositions

Vous pouvez contacter une compagnie dans laquelle vous voulez travailler même si elle n'a encore émis aucune offre d'emploi, surtout si vous suspectez qu'une telle offre va bientôt être émise (vous avez appris la vacance d'un poste, par exemple).

Dans ce cas, vous n'allez pas tout de suite envoyer une « vraie » lettre de motivation munie d'un C.V. mais plutôt, disons, une lettre « d'intéressement ». Dans cette lettre, vous exprimez seulement votre désir de travailler au sein de cette compagnie en citant vos raisons, et que, dans le cas où un poste correspondant à vos capacités serait disponible, vous serez ravi de postuler pour.

Rassurez-vous, si vous contactez la compagnie comme il faut, vous ne serez pas mal vu. Au contraire, la compagnie peut être sensible à l'intérêt que vous lui portez (surtout si vous avez un profil qui les intéresse). Vous n'êtes pas simplement un candidat qui a répondu à une offre (puisqu'il n'y en avait pas), vous êtes quelqu'un qui porte de l'intérêt à la compagnie et qui a eu le courage de frapper à la porte.

Le mieux ici c'est d'exprimer votre attrait sincère pour la compagnie. Dites aussi que vous avez un emploi actuellement (vous montrez par cela que vous n'êtes pas une personne désespérée que le chômage pousse à frapper à toutes les portes). Demandez aussi carrément à être contacté s'ils ont quelque chose à vous proposer ou qu'un poste correspondant à votre profil est disponible.

De ce fait, vous avez déjà une sacrée longueur d'avance. Si un poste se libère, vous avez des chances qu'on pense d'abord à vous avant d'émettre une offre, et il se pourrait même qu'aucune offre d'emploi ne soit émise.

Voici donc un exemple de ce que vous pouvez écrire :

Je me permets de vous contacter par le biais de cette lettre. Elle doit être une surprise pour vous, mais c'est peut-être aussi le début d'une collaboration bénéfique et fructueuse.

En effet, je me nomme {votre nom} et je travaille actuellement comme {poste} chez {le nom de votre employeur actuel}.

Etant depuis toujours intéressé par votre compagnie, de par ses accomplissements et de par ce que je sais à son propos, je n'ai pas pu résister à l'envie de vous partager mon vif intérêt à être en son sein. Peut-être pas dans l'immédiat, mais si une collaboration entre nous est envisageable dans un avenir plus ou moins proche, je tiens à vous affirmer que je la considèrerai avec le plus grand intérêt.

Je vous laisse ci-dessous mon contact et mes coordonnées. Je reste toujours disponible pour discuter plus en détails sur cette proposition. Je reste également ouvert à toute proposition de votre part.

Sincères salutations,

Persévérez

Ne prenez pas à cœur les refus et les tentatives infructueuses. Ne les prenez pas trop sérieusement. Si on a vous refusé pour un poste, cela ne veut pas forcément dire que vous n'avez pas ce qu'il faut ou que votre valeur est faible.

L'embauche est subjective, c'est-à-dire que cela dépend surtout de la personne qui recrute. Pour des conditions exactement pareilles, un recruteur peut vous engager les yeux fermés alors qu'un autre hésitera énormément ou se méfiera. Il y a tant de facteurs qu'il est impossible de les recenser tous, et chaque employeur recrute aussi d'après des expériences qui lui sont propres.

Mais vous devez aussi analyser chaque refus pour dégager ce que vous pouvez faire de mieux pour la prochaine fois, que ce soit dans la rédaction de votre lettre de motivation, de votre C.V., ou lors d'une entrevue. Faites preuve d'humilité, personne n'est infaillible, et c'est en apprenant de ses échecs qu'on peut évoluer.

Ce livre ne vous garantit pas que toutes les demandes que vous enverrez recevront une réponse favorable. Rien ni personne ne peut garantir cela. Par contre, ce livre vous aide à mettre le maximum de chances de votre côté. Relisez-le, notez et gardez les étapes importantes, mettez-le à portée de main à chaque fois que vous rédigez une lettre de motivation.

Le dernier conseil, c'est de persévérer : trouver le job idéal n'est pas un parcours de tout repos. Si c'était le cas, tout le monde serait content de son travail. Mais la vérité, c'est que tout le monde n'est pas prêt à dépenser le temps et l'énergie qu'il faut pour les meilleures opportunités de carrière. Beaucoup de personnes se découragent très vite, après seulement quelques tentatives infructueuses, et se résignent à ce qui ne les satisferont jamais.

Les meilleures places sont réservées à ceux qui ne se découragent jamais, à ceux qui sont prêts à apprendre, à donner et à faire ce qu'il faut. L'élite se distingue du commun des mortels par sa capacité à frapper à toutes les portes même s'il sait que les chances qu'on lui ouvre sont maigres. Le succès vient à celui qui possède toujours la volonté de continuer, même après une centaine d'échecs consécutifs.

Vous souhaitant de tout cœur de réussir,

L'auteur

Ce livre vous a plu ? trouvez d'autres livres intéressants sur la page Facebook :
Facebook.com/deslivrespourvous

www.ingramcontent.com/pod-product-compliance
Lightning Source LLC
Chambersburg PA
CBHW020958180526
45163CB00006B/2419